Réjean Demers

Introduction à la Bible

Réjean Demers

Introduction à la Bible

Ce survol de la Bible permet de mieux comprendre sa raison d'être tout en dissipant nos différents préjugés à son égard

Éditions Croix du Salut

Impressum / Mentions légales
Bibliografische Information der Deutschen Nationalbibliothek: Die Deutsche Nationalbibliothek verzeichnet diese Publikation in der Deutschen Nationalbibliografie; detaillierte bibliografische Daten sind im Internet über http://dnb.d-nb.de abrufbar.
Alle in diesem Buch genannten Marken und Produktnamen unterliegen warenzeichen-, marken- oder patentrechtlichem Schutz bzw. sind Warenzeichen oder eingetragene Warenzeichen der jeweiligen Inhaber. Die Wiedergabe von Marken, Produktnamen, Gebrauchsnamen, Handelsnamen, Warenbezeichnungen u.s.w. in diesem Werk berechtigt auch ohne besondere Kennzeichnung nicht zu der Annahme, dass solche Namen im Sinne der Warenzeichen- und Markenschutzgesetzgebung als frei zu betrachten wären und daher von jedermann benutzt werden dürften.

Information bibliographique publiée par la Deutsche Nationalbibliothek: La Deutsche Nationalbibliothek inscrit cette publication à la Deutsche Nationalbibliografie; des données bibliographiques détaillées sont disponibles sur internet à l'adresse http://dnb.d-nb.de.
Toutes marques et noms de produits mentionnés dans ce livre demeurent sous la protection des marques, des marques déposées et des brevets, et sont des marques ou des marques déposées de leurs détenteurs respectifs. L'utilisation des marques, noms de produits, noms communs, noms commerciaux, descriptions de produits, etc, même sans qu'ils soient mentionnés de façon particulière dans ce livre ne signifie en aucune façon que ces noms peuvent être utilisés sans restriction à l'égard de la législation pour la protection des marques et des marques déposées et pourraient donc être utilisés par quiconque.

Coverbild / Photo de couverture: www.ingimage.com

Verlag / Editeur:
Éditions Croix du Salut
ist ein Imprint der / est une marque déposée de
OmniScriptum GmbH & Co. KG
Heinrich-Böcking-Str. 6-8, 66121 Saarbrücken, Deutschland / Allemagne
Email: info@editions-croix.com

Herstellung: siehe letzte Seite /
Impression: voir la dernière page
ISBN: 978-3-8416-9822-3

Copyright / Droit d'auteur © 2012 OmniScriptum GmbH & Co. KG
Alle Rechte vorbehalten. / Tous droits réservés. Saarbrücken 2012

Table des Matières
LE BUT DE LA RÉVÉLATION DIVINE...3
LE BUT DE L'ANCIEN TESTAMENT 21
LE BUT DU NOUVEAU TESTAMENT 37

LE BUT DE LA RÉVÉLATION DIVINE

Dans le film « Seul au monde », Chuck Noland, interprété par Tom Hanks, travaille pour la FedEx. Il échoue dans une île du sud du Pacifique, étant l'unique survivant d'un accident d'avion de la société. Le film raconte l'histoire des quatre années suivantes de sa vie, prisonnier de cette île. À part un environnement rude et austère ainsi que d'une provision de noix de coco, l'île ne fournit pas grand-chose à son nouvel habitant. Mais dans un style à la Robinson Crusoé, il apprend à survivre dans un ajustement qui contraste violemment avec son slogan favori: « C'est un péché que de perdre son temps ». Ces quatre années commencent au moment où Noland se réveille au son des vagues qui frappent la plage de son île tropicale, sa maison. Assis dans le sable, il déballe des colis de FedEx enveloppés de plastique, réchappés de l'accident et éparpillés sur le rivage: des bandes vidéo, une paire de patins à glace, une robe du soir et un ballon de volley portant la marque « **Wilson** »; il fait de ce dernier un personnage imaginaire. Il ouvre tous les paquets sauf un. Il met de côté une boîte cartonnée de grandeur moyenne, identifiée seulement avec une paire d'ailes d'ange, et la garde scellée pendant les quatre années qu'il est coupé de la civilisation. Finalement, Noland se construit un radeau et est repêché par un bateau. À la fin même du film, il prend la route poussiéreuse du Texas afin d'aller la livrer à son propriétaire. Il frappe à la porte de la maison, mais personne ne répond. Il place la boîte qu'il avait conservée contre celle-ci et laisse une note très courte. « Merci beaucoup, ce paquet m'a sauvé la vie. »[1]

---

[1] Cast Away, rated PG-13, directed by Robert Zemeckis, written by William Broyles Jr., released in 2000; submitted by Joe Bubar, A

Cette note révèle la raison, ainsi que la signification de cette boîte mystérieuse. Elle permettait à cet homme de subsister en raison d'un but qu'il s'était fixé. Nous ne pouvons pas vraiment vivre sans but! Celui de Chuck Noland était de rester lucide et vivant. Son plan était simple. Il s'agissait de conserver un paquet dans le but d'aller un jour le livrer, et de concevoir un personnage imaginaire pour ne pas devenir fou: Wilson, son ballon de volley.

Tout ce que nous concevons est planifié pour un but précis. Comme exemple, lorsque nous planifions un aménagement paysagé, nous le faisons dans l'intention d'embellir notre environnement; et pour y parvenir, un plan est nécessaire. Il en est de même pour la conception d'un meuble; le but est d'améliorer notre confort. Une fois encore, un plan est nécessaire. Il est donc certainement logique de croire que l'existence de toutes choses a un but arrêté! Et s'il en est ainsi, il doit nécessairement avoir un concepteur à ce but, sans cela, comment expliquer la vie!

Comme le souligne si bien Marilyn Adamson, l'éditrice d'Every Student's choice: « Comment expliquer la vie? Qu'est-ce qui anime d'un souffle magique de petites cellules, pour en faire, ici une plante qui germe en plein désert simplement au contact d'une goutte de pluie, là un bébé, petit être merveilleusement complexe, avec sa riche personnalité, doué d'intelligence et de conscience? D'où vient cette « essence » inconnue qui fait la différence entre un minéral et un organisme qui se reproduit? Où part cette « étincelle » quand, à l'instant elle habitait encore une personne et l'instant d'après a définitivement quitté son corps? La vie est donnée. La vie est un don. Nous sommes bien obligés de le constater. Qui dit don, dit donnée par quelqu'un, non?

C'est comme découvrir une montre sur une plage; elle est si complexe, si finement réglée, si programmée pour donner l'heure, que la logique pure veut qu'on y voit une intelligence derrière, une pensée conceptrice, non le résultat de l'action des vents et des marées...

Il y a aussi les planètes et autres astéroïdes du système solaire qui présentent l'exacte combinaison de facteurs (positions, tailles, interactions entre elles…) qui permet à la vie sur terre de naître et de se maintenir (par exemple, Jupiter, par sa taille, nous empêche de recevoir toutes les météorites de l'espace). La moindre perturbation de cette belle mécanique serait catastrophique pour nous.

Tout obéit à des lois: la biologie, la physique, la chimie, même la sociologie et la psychologie humaine. D'où viennent ces règles? Qui dit loi, dit qu'elles ont été conçues et établies par une autorité souveraine qui a la capacité de les faire respecter. Une loi ne se fait pas toute seule. Cela pose question…

Tout, de l'infiniment petit à l'infiniment grand, est si complexe, si précisément conçu, si finement réglé, si bien adapté à un but particulier, et maintenu dans un équilibre si délicat et si beau, qu'un dessein intelligent apparaît clairement aux yeux de tout individu qui contemple et examine le monde.

Un tel ordre si compliqué à obtenir et si difficile à maintenir peut-il se concevoir par le seul fait du hasard? La Bible nous dit que la nature porte la signature du Dieu unique, créateur du monde et de la vie. Tous les éléments cités plus haut constituent pour la plupart des êtres humains la marque évidente de Son génie et de Son pouvoir: « *Les perfections invisibles de Dieu, sa puissance éternelle et sa divinité, se voient comme à l'œil nu depuis la création du monde, quand on les considère dans ses ouvrages* » [2] (Lettre de l'apôtre Paul aux Romains chapitre 1 verset 20).

***

Aux yeux de tous ceux qui veulent bien l'admettre, il est manifeste qu'il y a un Dieu qui a tout créé, logiquement, pour un but précis. Et ce but doit certainement avoir un plan minutieux pour son exécution. S'il en est bien ainsi, peut-on avoir accès à ce plan? La réponse à cette question est: Oui! Ce plan divin se trouve consigné dans la Bible, le livre de la révélation divine.

Afin de garantir que ce plan porte sans l'ombre d'un doute Sa signature, Dieu a fait en sorte que la Bible soit « un livre unique à plusieurs égards:

- **Il est unique dans sa survie à travers le temps**

    Comme la Bible fut originalement écrite avant l'avènement de l'imprimerie, elle fut d'abord composée sur des matériaux périssables, comme des parchemins et les manuscrits. On a ainsi dû la copier et recopier à plusieurs reprises pour en préserver la survie. Eh bien, malgré des centaines d'années de reproduction manuelle, elle est demeurée miraculeusement intacte à travers les siècles. Aucune pièce de littérature parvenant de l'antiquité ne possède une preuve bibliographique mieux documentée que la Bible!

- **Il est unique par la continuité de ses textes**

    La Bible fut originellement écrite en trois langues, sur trois continents, sur une période de plus de 1500 ans, et par un groupe de quarante

---

[2] Tiré du site Web: Vie et Spiritualité (http://www.atoi2voir.com/mambo/content/view/10/40/)

auteurs séparés les uns des autres par des centaines d'années, des centaines de kilomètres, et des conditions sociales des plus variées. Comme la Bible traite de multiples sujets controversés et épineux, on pourrait croire que les auteurs qui y ont écrit ont généré des textes remplis d'opinions divergentes et opposées; mais à la grande stupéfaction du lecteur, les auteurs parlent et écrivent avec une parfaite harmonie du début jusqu'à la toute fin.

- **Il est unique dans sa circulation à travers le monde**

La Bible fut d'abord le premier livre imprimé par la presse de Gutenberg. De là, elle est devenue le livre le plus lu et le plus publié de l'Histoire. Quelques centaines d'années après ce moment historique, il y avait déjà plus d'un milliard et demi d'exemplaires en circulation; et c'est un chiffre qui ne tient pas compte des trente quelque mille copies qu'il fallait imprimer quotidiennement pour satisfaire à la demande!

- **Il est unique dans la traduction dont il a bénéficié**

La Bible dans son entier fut traduite dans plus de deux cent quarante langues, et des portions de cette dernière furent traduites dans près de sept cent quarante dialectes additionnels!

- **Il est unique par la persécution qu'il a subie**

La Bible a été victime de plus d'attaques de la part de ses détracteurs que tout autre livre dans l'Histoire. On a tenté en vain de la faire disparaître, de la bannir, de la discréditer et de la maudire! Que ce soit du temps des empereurs romains, de Voltaire, ou des communistes de l'ère moderne, aucun autre livre ne fut plus scruté, diffamé, mordu, mâché et recraché!

Si nous demandions aujourd'hui à un groupe de personnes d'âges différents et de conditions sociales différentes de mettre par écrit leurs idées sur Dieu, il serait impossible d'obtenir le degré d'unité que nous retrouvons dans la Bible. »[3]

***

Conséquemment, Dieu n'a pas conduit ces quarante auteurs à écrire ce livre, sans avoir un plan à l'esprit! Ce plan se trouve clairement exprimé dans la lettre de l'apôtre Paul à l'Église d'Éphèse. Nous pouvons lire ceci au chapitre 1: « [4] *En lui Dieu nous a élus avant la fondation du monde, <u>pour que</u> nous soyons saints et irréprochables devant lui;* [5] *il nous a <u>prédestinés</u> dans son amour <u>à être</u> ses enfants d'adoption par Jésus-Christ, selon le bon plaisir de sa volonté,* [6] *<u>pour célébrer</u> la gloire de sa grâce dont il nous a favorisés dans le bien-aimé.* [7] *En lui nous avons la rédemption par son sang, le pardon des péchés, selon la richesse de sa grâce,* [8] *que Dieu a répandue abondamment sur nous par toute espèce de sagesse et d'intelligence,* [9] *nous faisant connaître le mystère de sa volonté, selon le bienveillant dessein qu'il avait formé en lui-même,* [10] *pour le mettre à exécution lorsque les temps seraient accomplis, de réunir toutes choses en Christ, celles qui sont dans les cieux et celles qui sont sur la terre.* [11] *En lui nous sommes aussi devenus héritiers, ayant été prédestinés suivant la résolution de celui qui opère toutes choses d'après le conseil de sa volonté,* [12] *afin que nous servions à la louange de sa gloire, nous qui d'avance avons espéré en Christ.* »

---

[3] Tout ce résumé d'information sur l'unicité de la bible est Tiré du site Web: Les Éditions « Que dit la Bible? », une division des DEQ Inc.
http://www.deq.ca/qdlb/bible_parole_de_Dieu.htm

Premièrement, Dieu avait conçu dans son cœur, lorsque lui seul existait, un plan bien élaboré qui consistait à faire de tous ceux qui l'accepteraient ses enfants par adoption *(v. 4-5)*. Dieu désirait nous faire régner au côté de son Fils, comme une épouse règne au côté de son époux en tant que reine (Éphésiens 5: 25-32; Apocalypse 19: 7-8; Jean 3: 29).

Deuxièmement, Dieu a déterminé par avance le moyen d'appliquer ce plan en nous délivrant, par notre foi en Jésus-Christ, de l'esclavage du péché. Il a déterminé par avance que son Fils subirait à notre place, sur la croix du calvaire, le châtiment que méritent nos transgressions et nos rébellions à sa loi sainte. Il peut donc ainsi accorder sa grâce à tous ceux qui croient que le sacrifice de son Fils est le seul moyen d'obtenir le pardon de Dieu *(v. 7)*.

Troisièmement, Dieu a déterminé par avance ce que nous serions. Cette vérité est au cœur de la Parole de Dieu; c'est celle-ci qui apporte tout son sens à son développement. Paul le décrit de cette façon aux versets 10 et 11: *« Lorsque les temps seront mûrs pour cela, tout ce qui existe dans le ciel et sur la terre, l'univers visible et invisible, sera restauré, unifié et rassemblé sous le gouvernement du Christ; tout trouvera sa perfection et son accomplissement en lui. L'histoire de l'humanité sera résumée et achevée en lui. Le cosmos tout entier ne formera plus qu'un corps dont le Christ sera la tête et, dans tout ce qui appartiendra un jour au Christ, nous aurons notre part. C'est en Jésus-Christ que cela se fera, et c'est en lui aussi que nous avons été déclarés héritiers par décret de celui qui a le pouvoir d'accomplir tout ce que sa volonté a décidé. » (Version Parole Vivante, d'Alphed Kuen)*

Le but de Dieu est donc d'amener à la perfection tout ce qui existe dans le ciel et sur la terre, en restaurant, unifiant et rassemblant tout sous le gouvernement de Jésus-Christ! Jacques le souligne de cette façon dans son épître, au chapitre 1, verset 18: « *Par un acte de sa libre volonté, il nous a fait naître de nouveau par le moyen de la Parole de vérité, pour que nous soyons pour ainsi dire, <u>les premiers fruits</u> de sa nouvelle création.* »[4]

***

Si le but de Dieu était d'amener à la perfection tout ce qu'Il a créé, pourquoi ne pas avoir créé l'homme parfait dès le début de la création? De la sorte, ils n'auraient pas eu besoin d'un plan aussi élaboré! Pourquoi avoir laissé l'homme se rebeller contre lui? Pourquoi avoir permis un tel chaos au sein de cette humanité? La réponse à ces questions n'est pas facile. Qui pourrait prétendre posséder une connaissance aussi parfaite du plan de Dieu! Par contre, je crois qu'une des réponses à ces questions est manifestée au sein même de la Parole de Dieu.

Dieu ne voulait pas forcer Sa Création à l'aimer et à le servir. Il voulait laisser à l'homme, aussi bien qu'aux anges, leur libre volonté. Il n'était pas intéressé à programmer ceux-ci à l'aimer. L'homme avait besoin de prendre conscience de son besoin de Dieu! Mais ce désir d'une relation avec son Créateur devait se faire sur une base volontaire.

Dieu voulait également que l'homme soit saint et irréprochable devant lui (Éphésiens 1: 4), mais celui-ci n'en avait pas la capacité sans Dieu. Il était comme un enfant dans la phase de l'innocence, qui agit sans devoir faire un

---

[4] Ces versets sont cités dans la version « Parole Vivante »

choix entre le bien et le mal. Alors, Dieu a dû placer l'homme devant un tel choix en lui interdisant de manger du fruit de l'arbre de la connaissance du bien et du mal. Lorsqu'il tourna le dos à Dieu pour manger du fruit de cet arbre, l'homme croyait qu'il deviendrait comme Dieu! Il croyait, en le faisant, devenir comme Dieu. Du moins, c'est ce que Satan lui avait laissé croire. Dans sa désobéissance, l'homme fit alors l'expérience d'un sentiment inconnu à son âme jusqu'à cet instant: la culpabilité! Celle-ci a dès lors brisé la relation qu'il avait avec Dieu. La convoitise des yeux, la convoitise de la chair et l'orgueil de la vie furent les éléments de tentation du diable pour le faire désobéir à Dieu. Depuis ce jour, le péché s'est installé dans le cœur de l'homme, qui est aux prises depuis ce temps avec les mêmes tentations!

Cette connaissance du mal l'a plongé dans le mensonge, ainsi que dans un profond aveuglement spirituel. Il va dès lors regarder la vie au travers les ténèbres du péché dans son âme. Il cherche à faire le bien à partir de sa nature pécheresse, qui l'entraîne vers le mal plutôt que vers le bien qu'il désire accomplir sans pouvoir y parvenir!

Voilà ce que l'apôtre Paul explique dans sa lettre aux Romains, au chapitre 7:

« [15] *Vraiment, je ne me comprends pas moi-même: mon comportement me désoriente et je ne reconnais pas mes propres actes: ma façon d'agir me paraît étrangère à moi-même. Je fais, non ce que ma volonté a décidé, mais ce que je déteste et que mon sens moral réprouve.* [16] *Par mes convictions intimes, je rends hommage à la Loi, mon être profond l'approuve et en reconnaît l'excellence. Mais c'est plus fort que moi. Je ne puis faire autrement.* [17] *Le véritable acteur, ce n'est donc plus moi, mais c'est le péché qui s'est installé en moi. C'est lui qui me pousse irrésistiblement à de mauvaises actions.* [18] *Par expérience, je sais qu'en moi, c'est-à-dire dans mon être naturel, n'habite rien de bon. Ce n'est pas la bonne volonté qui me* manque. C'est plutôt la force de réaliser mes bonnes intentions. [19] Je n'arrive pas à accomplir le bien que je me propose, et je commets, malgré moi, le mal que j'étais pourtant décidé à éviter. [20] Si donc je fais ce que je ne veux pas, je ne suis pas vraiment maître de moi-même. Celui qui me gouverne et me fait agir, ce n'est plus mon moi, c'est le péché qui a élu domicile en moi. [21] Je vis en constante contradiction avec moi-même: je voudrais faire le bien, mais je constate que seul le mal est à ma portée, et je ne puis résister à ses sollicitations. [22] Mon être intérieur adhère de tout coeur à la Loi divine, il en approuve joyeusement les exigences. [23] Cependant, je suis bien obligé de constater, en mon corps, l'empreinte d'une autre loi. Mes facultés humaines sont régies par un principe opposé à celui de ma raison et qui me met sans cesse en conflit avec la loi de ma conscience. Et cette force mauvaise me domine si bien que je me retrouve prisonnier sous la férule du péché qui est à l'œuvre dans mes membres. [24] Quel déchirement terrible! Infortuné que je suis! Qui me libérera de l'emprise de ma nature pécheresse? Qui affranchira mon corps de l'esclavage des mauvais instincts? [25] Dieu merci! Il existe une issue: Dieu lui-même m'a délivré par Jésus-Christ notre Seigneur. »[5]

Dieu a donc envoyé lorsque les temps furent accomplis, et cela conformément à son plan divin, le deuxième Adam: le Seigneur Jésus-Christ. Il est unique:

- **Par son identité à sa naissance!**
  L'apôtre Jean nous le présente comme étant l'union de la nature divine et de la nature humaine: la Parole de Dieu faite chair! (Jean 1: 14) Il était Dieu avec nous!

---

[5] Ce texte est tiré de la version « Parole Vivante » par Alphed Kuen

Charles Hodge a écrit ce qui suit concernant Jésus: « *Tous les titres et les noms divins sont appliqués à Jésus. Il est appelé Dieu, le Dieu Puissant, le grand Dieu, Dieu au-dessus de tout; Seigneur, le Seigneur des seigneurs et le Roi des rois. Tous les attributs divins lui sont attribués. Il est déclaré être omniprésent, omniscient, tout-puissant. Immuable, le même hier, aujourd'hui et éternellement. Il est regardé comme le Créateur, celui qui soutient et gouverne l'univers. Toutes choses ont été créées par lui, en lui et pour lui. Il est adoré par toutes les créatures intelligentes, même en haut dans les cieux; tous les anges ont reçu l'ordre de se prosterner devant lui. Tous les hommes et les anges doivent ou devront lui rendent compte pour leur conduite et leur caractère. Il a lui-même affirmé que tout homme se doit de l'honorer de la même manière dont le Père est honoré; que tout homme doit exercer à son égard la même foi que celle exercée à l'égard de Dieu. Il a déclaré que lui et le Père sont un, et que celui qui l'a vu a vu le Père. Il appelle tous les hommes à venir à lui, leurs promettant de pardonner leurs péchés, de faire habiter en eux le Saint-Esprit de Dieu, de leur donner le repos et la paix intérieure, de les ressusciter au dernier jour, et de leur donner la vie éternelle. L'apôtre Jean affirme dans sa première épître: "C'est lui qui est le Dieu véritable, et vie éternelle." (5: 20) Jésus est, par conséquent, le Dieu des chrétiens depuis le commencement, dans tous les âges et dans tous les lieux.* »

- **Par sa vie!**

Sa vie a été caractérisée par la sainteté parfaite ayant été tenté en toutes choses sans jamais pécher, et la puissance extraordinaire qu'il exerçait sur la maladie, les démons, les hommes, la nature, le péché et la mort.

L'historien Philip Schaff, en 1913, a décrit l'influence irrésistible que Jésus a eue malgré ces ténèbres sur l'histoire et la culture subséquente du monde:

« *Ce Jésus de Nazareth,* a-t-il dit, *sans argent et sans armes a conquis des millions de personnes, en cela encore plus qu'Alexandre, César, Mahomet et Napoléon ensemble; sans science..., il a apporté plus de lumière sur les choses de nature divine ou humaine que tous les philosophes et les savants combinés; sans utiliser l'éloquence des écoles, il a parlé en employant des paroles de vie comme jamais il ne s'en est dit auparavant ou depuis, produisant des effets allant bien au-delà de la portée de l'orateur ou du poète; sans écrire une seule ligne, il a mis plus de stylos en mouvement et a fourni des thèmes pour plus de sermons, de discours solennels, des discussions, de volumes, d'objets d'art et de chants d'adorations que l'armée entière des grands hommes des temps antiques et modernes.* »

- **Par ses enseignements!**

Il est le seul qui ait pu dire: « *En vérité, en vérité, je vous le dis, si quelqu'un garde ma parole, il ne verra jamais la mort* »[6]. « *Celui qui me rejette et qui ne reçoit pas mes paroles a son juge; la parole que j'ai annoncée, c'est elle qui le jugera au dernier jour* »[7].

- **Par sa mort!**

« *En effet, nous dit la Bible, en Christ, c'était Dieu en personne qui réconciliait le monde avec lui-même* »[8].

---

6 Jean 8:51
7 Jean 12:48
8 2 Corinthiens 5: 19

- **Par sa résurrection!**
    Il est le seul à être revenu à une vie corporelle glorifiée, trois jours après sa mort!

Le plan de Dieu consistait à revêtir notre humanité afin de devenir ce que l'homme ne pouvait atteindre par lui-même: la perfection! Voilà ce qui est mentionné immédiatement après la chute de l'homme: « *L'Eternel Dieu fit à Adam et à sa femme des vêtements de peaux pour les habiller. Puis il dit: Voici que l'homme est devenu <u>comme l'un de nous</u> pour le choix entre le bien et le mal. Maintenant il ne faut pas qu'il tende la main pour cueillir aussi du fruit de l'arbre de la vie, qu'il en mange et qu'il vive éternellement. Alors l'Eternel Dieu le chassa du jardin d'Eden... Après avoir chassé l'homme, il posta des chérubins à l'est du jardin d'Eden, avec une épée flamboyante tournoyant en tout sens pour barrer l'accès de l'arbre de la vie.* »[9]

Dieu avait conçu dans son plan de préparer à l'homme une vie éternelle plus importante que celle offerte par l'arbre de vie! Voilà pourquoi la Bible a été écrite. Dieu voulait nous faire connaître la vérité concernant le but de l'incarnation de la deuxième Personne de la Trinité, vérité soulignée par l'apôtre Paul dans son épître aux Corinthiens, au chapitre 1: « [30] *Or, c'est grâce à ce Dieu que vous appartenez à Jésus-Christ et que vous avez été incorporés à lui. Si vous vivez en communion avec le Christ, c'est à Dieu seul que vous le devez, c'est par sa volonté que Jésus-Christ est devenu tout pour nous. Dieu a fait de lui notre vraie "* **sagesse** *"; en lui nous sommes acquittés, purifiés et libérés du péché.* »[10]

---

[9] Genèse 3. 21-23; version « La Bible du Semeur »
[10] Version « Parole Vivante »

En découvrant son plan, nous découvrons notre véritable condition devant Dieu. Nous découvrons que sans lui, nous ne sommes rien et ne pouvons rien. Nous découvrons que Dieu ne fait qu'appliquer à nos vies les mérites et les vertus de Jésus.

Le but de la révélation, n'est pas une question de ce que je peux retirer de ma lecture et de l'étude de la Parole de Dieu, mais de ce que Dieu peut extraire de mon cœur par l'influence de Celle-ci dans ma vie, afin de me rendre de plus en plus semblable à Jésus! J'aimerais surtout te faire réaliser par cette introduction que tu ne pourras jamais grandir spirituellement sans une connaissance graduelle et pratique de la Parole de Dieu. C'est là ce que Jésus a demandé à Son Père avant de mourir! Il a dit: « Fais qu'ils soient entièrement à toi, par le moyen de la vérité; ta parole est la vérité. »[11] Elle seule peut donner un sens et une direction à ta vie! Dieu veut qu'elle devienne comme une lampe à tes pieds et une lumière sur ton sentier.

Voilà le but de la parole de Dieu! D'où l'importance de la connaître d'un couvert à l'autre.

- Nous avons besoin de connaître l'histoire de l'homme avant la chute afin de connaître ce que Dieu avait planifié pour celui-ci. Celle-ci est nécessaire pour nous faire comprendre à quoi Dieu destinait l'homme et le genre de relation qu'il espérait avoir avec ce dernier – ce qui nous permet de comprendre ce que Dieu a besoin de restaurer en nous.
- Nous avons besoin de connaître l'histoire de la chute elle-même, l'étudier, rechercher ses secrets, afin de mieux comprendre les étranges réactions qui proviennent de notre nature pécheresse, c'est-à-dire, notre condition d'humanité déchue.

---

[11] Jean 17: 17 Version « Bible en Français Courant »

- Nous avons besoin de connaître la loi de Dieu afin d'être au fait des attentes de Dieu envers nous, et d'admettre notre culpabilité et notre incapacité à faire le bien.
- Nous avons besoin également de découvrir la vie des hommes et des femmes de foi au travers les différents livres de la bible afin de comprendre comment Dieu travail dans nos vies au sein de situations spécifiques, et de pouvoir saisir les encouragements que leur vie peut nous apporter. Lorsque nous commençons à lire notre bible et que nous découvrons qu'Abraham, Moïse, Ruth, David, Ésaïe, Jérémie, Daniel, Marie, Paul, Pierre et tous les autres ont passé au travers les mêmes expériences que nous, nous comprenons que Dieu les y a placés et a enregistré leurs réactions afin de nous permettre de voir nos propres réactions et, ce qui est plus important, afin d'apprendre la façon de s'en sortir. Vue sous cet angle, notre bible devient un livre fascinant et glorieux.
- Nous avons besoin de comprendre les prophètes afin de voir le tableau complet des évènements se produisant et qui se produiront en ce monde, et de développer par cette connaissance la certitude que Dieu est au contrôle de tout ce qui arrive en ce monde. Nous avons besoin de commencer à connaître les pensées et les voies de Dieu qui sont plus élevées que les nôtres. Nous avons besoin de comprendre à quoi Paul se réfère en 1 Corinthiens 2: 7 en parlant de « la sagesse de Dieu, mystérieuse et cachée, que Dieu avant les siècles, avait prédestinée pour notre gloire. », comme le Seigneur Jésus le souligne à son Père, « tu as caché ces choses aux sages et aux intelligents, et tu les as révélées aux enfants ». (Matthieu 11: 25)
- Nous avons besoin de connaître les Évangiles afin de voir la vie parfaite de Jésus-Christ – cette remarquable et magnifique

incarnation de Dieu dans un corps humain – laquelle est différente de tout ce que nous pouvons apprendre en dehors de la Parole de Dieu.
- Nous avons besoin de connaître les épîtres afin d'appliquer les grandes vérités que nous apprenons dans les Évangiles, parce que les écrivains des lettres du Nouveau Testament transposent ces vérités dans les situations journalières de la vie pratique.
- Finalement, nous avons besoin de connaître le livre de l'Apocalypse, parce que dans les heures de crises que nous traversons, en tant qu'individu ou en tant que nation, nous y découvrons l'assurance que les ténèbres passeront, la futilité aura une fin, nos fardeaux cesseront, et Jésus-Christ sera entièrement et complètement manifesté à cet univers, qui lui appartient – « les royaumes de ce monde deviendront alors les royaumes de notre Dieu et de son Fils Jésus-Christ ».

Voilà ce que l'apôtre Paul a écrit à Timothée (2 Timothée 3: 16-17): « *Car toute l'Écriture a été rédigée sous l'inspiration de Dieu. C'est pourquoi elle est utile pour nous enseigner la vérité et nous en persuader, pour apprendre à nous connaître et pour nous convaincre de péché, pour réfuter les erreurs et rectifier nos pensées. Elle nous aide à réformer notre conduite et nous rend capables de mener une vie juste et disciplinée, conforme à la volonté de Dieu. Ainsi, l'homme de Dieu se trouve parfaitement préparé et équipé; il est prêt pour accomplir toute bonne oeuvre.* »

Voilà ainsi résumé le but de la révélation divine. Je ne pense pas en saisir toute la grandeur et la profondeur, mais j'aimerais t'inviter à découvrir avec moi, dans un survol de celles-ci, les grandes vérités que Dieu a voulu te faire connaître. Je t'invite à plonger dans cette découverte progressivement, en faisans un survol de celle-ci afin de mieux saisir ce qu'il m'a fallu dans années à comprendre. Je te convie surtout à découvrir la personne de Dieu d'une manière qui transformera ta vie et qui te permettra d'éviter de tomber dans les pièges que tu rencontreras tout au long de ta vie chrétienne. La façon dont nous vivons notre vie fera toute la différence lorsque nous nous retrouverons au seuil de l'éternité! J'espère que tu pourras ce jour-là t'exprimer comme l'apôtre Paul, lorsque le moment de son départ pour le ciel vint dans sa vie: « *J'ai combattu jusqu'au bout le bon combat. J'ai achevé ma course. Je suis resté fidèle à ma foi. La couronne de la victoire, c'est-à-dire la justice parfaite et éternelle, est déjà préparée pour moi, il ne me reste plus qu'à la recevoir. Le Seigneur, le juste Juge, me la remettra au jour du jugement. Ce n'est pas à moi seul qu'il la donnera, mais à tous ceux qui auront porté dans leur cœur l'attente joyeuse de son avènement.* »[12]

---

[12] 2 Timothée 4: 7-8: Version « Parole Vivante »

LE BUT DE L'ANCIEN TESTAMENT

Dans son livre « Le mystère des plaines », Maria Reiche, une mathématicienne et astronome allemande, décrit une série de lignes étranges faite par une ancienne civilisation qui pourrait être celle des Paracas-Nasca. Ils vivaient dans cette région entre les années 300 avant J.C. et 900 après J.C. Certaines d'entre elles couvrent plusieurs milles carrés. Pendant des années, les gens ont cru que ces lignes étaient les restes de fossés d'irrigation antiques. Alors, en 1939, le docteur Paul Kosok de l'université de Long Island découvre que leur véritable signification ne peut être observée qu'en hauteur. Nous pouvons ainsi voir ces griffures blanches dessiner de longs tracés perpendiculaires et de gigantesques animaux stylisés. Vieux de plus de 1500 ans, le « plus grand livre d'astronomie » du monde exhibe plus d'une centaine de lignes et une douzaine de dessins d'animaux, du singe à l'araignée.[13] À 400 kilomètres au sud de Lima, les lignes et dessins occupent une énorme superficie de 350 km2. Ils ont tous de grandes dimensions; les lignes mesurent de quatre mètres à dix kilomètres et les animaux, de quinze à trois cents mètres. Les objets qui y sont représentés sont très variés: dix-huit types d'oiseaux, une douzaine de figures animales (baleine, araignée, etc.) et plus de cent figures géométriques et lignes.[14]

Maria Reiche a passé la majeure partie de sa vie à en saisir le sens. D'une manière semblable, les gens en général n'arrivent par à comprendre la Parole de Dieu. Ils la regardent comme une série de récits historiques sans

---

[13] La photo ci-dessus a été tirée du site: http://photos.perou.free.fr/lignes_de_nasca/

[14] Un résumé tiré du site Web: sciencepresse.qc.ca/hommages/reiche.html

relation apparente, écrite par des hommes, sans plus de valeur qu'un livre ordinaire! Mais si nous l'examinons avec une perspective d'ensemble, en la lisant d'un couvert à l'autre à plusieurs reprises, nous découvrons un lien unique entre chaque livre, formant une seule grande histoire de la Genèse à l'Apocalypse. C'est l'histoire du développement graduel du plan de Dieu pour le salut et la restauration de l'homme qu'Il a créé.

De même que pour Maria Reiche, lorsque nous commençons la lecture de la Parole de Dieu, il nous est difficile de faire un lien entre les livres qui la composent, et surtout d'en saisir le sens profond. Nous l'étudions pour ainsi dire au mètre carré, ayant de cette façon de la difficulté à faire des associations entre chaque vérité que nous découvrons. Autrement dit, nous avons, ici et là, tendance à la lire par petite portion, sans faire l'effort d'entreprendre une lecture du début à la fin pour en avoir une perspective d'ensemble. Même si ces faibles découvertes apportent une joie dans notre cœur, elle nous limite dans notre connaissance par rapport à Son développement. Le docteur Paul Kosok a dû observer en hauteur les lignes de Nasca, dans une perspective d'ensemble, pour pouvoir comprendre l'étendue de sa signification. Généralement, pour avoir cette perspective sur la Parole de Dieu, nous devons la lire assidûment pendant de nombreuses années. Cette série de prédication vous permet de gagner du temps pour en arriver à une plus grande compréhension de Celle-ci.

Lorsque nous pouvons avoir une vue d'ensemble de la Parole de Dieu, nous prenons conscience alors des richesses extraordinaires qu'elle renferme! Nous découvrons progressivement la grandeur du plan de Dieu qui consistait à revêtir notre humanité afin d'amener celle-ci à ce que l'homme ne pouvait atteindre par lui-même: la perfection!

Nous saisissons de mieux en mieux Son désir d'appliquer cette perfection à l'homme en réponse à sa foi. Cette vérité paraît simple à comprendre, et elle l'est, mais pour en saisir toute la profondeur et le dénouement, il nous faut avoir une compréhension de la Parole de Dieu dans son ensemble.

C'est cette perspective que Jésus a utilisée avec deux de ses disciples le jour de sa résurrection, lorsque ces derniers marchaient vers Emmaüs en discutant de ce qui venait de se produire à Jérusalem. Ils s'entretenaient surtout de ce qui était arrivé à Jésus. Il n'était encore pour eux qu'un prophète puissant en oeuvres et en paroles devant Dieu et devant les hommes. Ils avaient espéré que ce serait lui qui délivrerait Israël, mais cela faisait trois jours que les principaux sacrificateurs et les magistrats l'avaient livré aux romains pour qu'il soit condamné à la crucifixion. À ce moment-là, Jésus, qui les avait abordés revêtu de son corps de résurrection, leur dit: « *O hommes sans intelligence, et dont le cœur est lent <u>à croire tout ce qu'ont dit les prophètes</u>! Ne fallait-il pas que le Christ souffre ces choses, et qu'il entre dans sa gloire? Et, commençant par Moïse et par tous les prophètes, il leur expliqua <u>dans toutes les Écritures</u> ce qui le concernait. Lorsqu'ils furent près du village où ils allaient, il parut vouloir aller plus loin. Mais ils le pressèrent, en disant: Reste avec nous, car le soir approche, le jour est sur son déclin. Et il entra, pour rester avec eux. Pendant qu'il était à table avec eux, il prit le pain; et, après avoir rendu grâces, il le rompit, et le leur donna. Alors leurs yeux s'ouvrirent, et ils le reconnurent; mais il disparut de devant eux. Et ils se dirent l'un à l'autre: Notre cœur ne brûlait-il pas au-dedans de nous, lorsqu'il nous parlait en chemin et nous expliquait les Écritures?* » [15]

Jésus leur reprochait en particulier leur étroitesse théologique à propos de Celui qui devait venir. Ils attendaient le Messie, mais leur compréhension

---
[15] Luc 24: 25-32

théologique limitait Sa venue à la délivrance physique du peuple d'Israël. Cette façon de voir les prophéties de l'Ancien Testament les empêchait de comprendre les textes mettant surtout l'emphase sur l'affranchissement spirituel du peuple. Des passages comme celui du prophète Ésaïe, au chapitre 53, par exemple: « *Qui a cru à ce qui nous était annoncé? Qui a reconnu le bras de l'Éternel? Il s'est élevé devant lui comme une faible plante, comme un rejeton qui sort d'une terre desséchée; Il n'avait ni beauté, ni éclat pour attirer nos regards, et son aspect n'avait rien pour nous plaire. Méprisé et abandonné des hommes, homme de douleur et habitué à la souffrance, semblable à celui dont on détourne le visage, nous l'avons dédaigné, nous n'avons fait de lui aucun cas. Cependant, ce sont nos souffrances qu'il a portées, c'est de nos douleurs qu'il s'est chargé; et nous l'avons considéré comme puni, frappé de Dieu, et humilié. Mais il était blessé pour nos péchés, brisé pour nos iniquités; le châtiment qui nous donne la paix est tombé sur lui, et c'est par ses meurtrissures que nous sommes guéris. Nous étions tous errants comme des brebis, chacun suivait sa propre voie; et l'Éternel a fait retomber sur lui l'iniquité de nous tous. Il a été maltraité et opprimé, et il n'a point ouvert la bouche, semblable à un agneau qu'on mène à la boucherie, à une brebis muette devant ceux qui la tondent; il n'a point ouvert la bouche. Il a été enlevé par l'angoisse et le châtiment; et parmi ceux de sa génération, qui a cru qu'il était retranché de la terre des vivants et frappé pour les péchés de mon peuple?* »[16]

Ce passage, comme plusieurs autres, ne concordait pas avec leur compréhension théologique de l'Ancien testament. Voilà pourquoi Jésus leur dit: « *O hommes sans intelligence, et dont le cœur est lent <u>à croire tout ce qu'ont dit les prophètes</u>! Ne fallait-il pas que le Christ souffre ces choses, et qu'il entre dans sa gloire?* » Le problème d'Israël se trouvait au niveau du cœur. C'est là que Dieu devait opérer un miracle. Et c'est souvent le cas pour

---
16 Ésaïe 53: 1-8

nous également!

Mais au fur et à mesure que Jésus leur expliquait au travers l'Ancien Testament tout ce qui le concernait, leurs yeux s'ouvraient. C'est cette explication que je vous invite à découvrir avec moi au travers ce cours, de la Genèse à l'Apocalypse. J'ai souvent entendu des croyants dirent qu'ils auraient aimé être à la place de ces deux disciples afin d'entendre l'exposé de Jésus sur l'Ancien Testament, pour y découvrir avec plus de profondeur Celui qu'ils attendaient. Mais c'est possible, puisque nous possédons la Parole de Dieu dans son ensemble!

Au fur et à mesure que ces deux disciples écoutaient Jésus leur enseigner ce qui le concernait dans les Écritures, une impression étrange se produisait dans leur âme. Cette découverte leur procurait une très grande sensation de chaleur intérieure. Leur cœur brûlait au-dedans d'eux! C'est l'exposition de l'Ancien Testament, avec une perspective d'ensemble, dans la puissance et la clarté provenant de l'Esprit de Dieu qui engendrait cette chaleur intérieure! Voilà ce que l'Ancien Testament produit dans notre cœur. Il nous permet de découvrir et d'approfondir ce qui satisfait véritablement l'âme humaine: le Seigneur Jésus-Christ. Toutefois, l'Ancien Testament est de façon délibérée un livre incomplet sans les révélations du Nouveau Testament!

Le docteur W.H.Griffith Thomas (1861-1924) suggère que « si nous approchions l'Ancien Testament comme si nous ne l'avions jamais lu auparavant, et que nous prenions note de toutes les remarquables prédictions concernant Celui qui doit venir, nous trouverions que cette série de prédictions débute dès les premiers chapitres de la Genèse, et au fur et à mesure que nous avançons dans notre lecture, nous verrions que ces prédictions sont de plus en plus détaillées, et que leur degré d'anticipation augmente jusqu'au moment où dans les livres des prophètes, ces prédictions éclatent dans des couleurs rayonnantes et flamboyantes (comme dans le chapitre 53 d'Ésaïe) [17], toutes décrivant Celui qui doit venir. Mais lorsque nous terminons notre lecture du prophète Malachie, le dernier livre de l'Ancien Testament, nous ignorons encore de qui il s'agit. Ainsi, nous observons que l'Ancien Testament est un livre dont les prophéties sont incomplètes.

Alors, si nous le relisons une deuxième fois, notant cette fois-ci les sacrifices étranges qui s'y trouvent, ce remarquable et mystérieux flot de sang qui débute au livre de la Genèse et coule en s'accroissant de volume tout au long de notre lecture de l'Ancien Testament, des milliers et des milliers d'animaux dont le sang est répandu par des sacrifices qui n'en finissent pas, et une continuelle emphase sur le besoin de sacrifice, nous terminons une nouvelle fois au livre de Malachie en réalisant que tous ces sacrifices demeurent inexpliqués, comme dans le cas des prophéties.

Encore une fois, si nous recommençons notre lecture au travers l'Ancien Testament, en notant cette fois les expressions provenant des personnages importants qui apparaissent au travers ses nombreuses pages, nous découvrons le désir de leur âme pour quelque chose de plus important que tout ce que cette vie pouvait leur offrir. Comme exemple, Abraham qui recherchait la cité dont Dieu est l'architecte et le constructeur. Les personnages sont en pèlerinage tout au long du livre. Il y a un cri constant provenant des âmes qui ont soif, soupirant après quelque chose qui ne s'est pas encore réalisé. Nous terminons encore une fois le livre de Malachie en réalisant qu'il ne s'agit pas seulement d'un livre dont les prophéties sont inaccomplies et les sacrifices inexpliqués, mais également d'un livre dont les

---

[17] Les parenthèses sont de moi dans cette citation du docteur W.H.Griffith Thomas

désirs sont insatisfaits. Ce qui fait que nous ne trouvons aucune réponse concernant les prophéties, les sacrifices ou les soupirs de l'âme dans l'Ancien Testament.

Mais dès l'instant que vous ouvrez le Nouveau Testament, vous pouvez lire le livre de la généalogie de Jésus-Christ. Il est Celui qui accomplit la prophétie, Celui qui explique le sacrifice, Celui qui satisfait l'âme qui languit. Cependant, nous ne pouvons apprécier complètement cette découverte à moins d'avoir été premièrement éveillés à cette compréhension par notre lecture de l'Ancien Testament. »

Autrement dit, si nous passons notre vie à ne lire que le Nouveau Testament, nous ne comprendrons jamais les profondeurs de ce que Dieu a préparé pour nous. Celles-ci se trouvent dans l'Ancien Testament, mais nous sont révélées par le Nouveau Testament! Voilà pourquoi ceux qui lisent seulement le Nouveau Testament demeurent, dans un certain sens, à l'étape primaire de la vie chrétienne, sans pouvoir découvrir les dimensions du plan de salut de Dieu.

Ceci indique clairement la nature de l'Ancien Testament. C'est un livre ayant l'intention de nous préparer pour quelque chose. Et le Nouveau Testament apporte pour sa part la lumière sur cette préparation notée dans l'Ancien Testament. L'auteur de l'épître aux Hébreux l'exprime de cette manière: « *Après avoir <u>autrefois</u>, à plusieurs reprises et de plusieurs manières, parlé à nos pères par les prophètes, Dieu, dans <u>ces derniers temps</u>, nous a parlé par le Fils* » [18]

***

---

[18] Hébreux 1: 1-2 (Les mots soulignés sont de moi)

Le Dr H. A. Ironside (1876-1951) a raconté que dans les premières années de son ministère, tandis qu'il était toujours un officier dans l'Armée du Salut, il tenait des rencontres dans un grand hall dans cette ville et un vaste auditoire venait chaque soir pour l'entendre enseigner. Un soir, il a remarqué un jeune homme agile qui était assis à l'arrière, penché en avant et écoutant avidement. Il revenait soir après soir. Le docteur Ironside voulut faire sa connaissance. Il essaya de l'attraper avant qu'il n'ait laissé le bâtiment, mais à chaque fin de conférence, le jeune homme partait immédiatement. Ainsi, il n'avait jamais la chance de le rencontrer.

Un soir, le jeune homme est entré un peu plus tard, et il ne restait que deux sièges dans la rangée de devant. Il descendit le passage regardant timidement autour de lui pour un siège et quand il constata qu'il n'y en avait aucun, il se glissa dans la rangée de devant. Ironside se dit en lui-même: « Ha, je t'ai maintenant. Tu ne serais pas capable de partir ce soir. » De nouveau, à la fin de la réunion, le jeune homme se tourna pour filer, mais l'allée était pleine de gens, ce qui le retarda. Ironside en profita pour marcher vers lui, il lui tapa sur l'épaule et lui dit: « Je te demande pardon. Pourrions-nous nous asseoir juste ici pour parler un peu? J'aimerais en savoir un peu plus sur toi. »

Le jeune homme le regarda comme s'il s'y objectait, mais il était assez poli pour répondre par l'affirmatif. Ils se sont assis et Ironside lui dit: « Parle-moi de toi. Est-ce que tu es Chrétien? » Le jeune homme le regarda et répondit: « Bien! Non! Je ne pense pas que je pourrais dire que je suis un chrétien. » « Bien! » lui dit Ironside. « Qui es-tu? » Le jeune homme dit: « Je ne peux pas vraiment vous dire. Il y a un temps où je pense que je me serais appelé un athée. Mais dernièrement, il s'est passé une révolution remarquable dans ma pensée. J'ai fait quelques lectures et je ne pense pas que je pourrais me voir comme tel désormais. Je pourrais sans doute m'appeler un agnostique (une doctrine philosophique qui rejette toute métaphysique et déclare que l'absolu est inaccessible à l'esprit humain). » Ironside lui dit, « Bien, c'est un petit progrès. Tu as fait un pas dans la bonne direction de toute façon. Dis-moi, qu'est-ce qui a produit ce changement en toi? » Il espérait que le jeune homme répondrait que c'était ses prédications brillantes! Au lieu de cela, le jeune homme lui indiqua un homme assis quelques chaises plus loin et a dit: « C'est le changement dans cet homme assis là-bas. » Il lui désignait un homme se nommant Al Oakley, qui avait été le copropriétaire d'un saloon populaire dans San Bernardino (en Californie). Al était devenu son meilleur client: un ivrogne. Il dut quitter le commerce et finir dans les rues comme un pauvre réprouvé, constamment ivre.

Ce jeune homme mentionna: « J'ai connu Al Oakley pendant quelques années et je sais qu'il n'a pas plus de colonne qu'une méduse. Il a essayé d'arrêter de boire à plusieurs occasions différentes, mais n'a jamais été capable. Mais quelque chose lui est arrivé. » Il s'était converti en prison dans un service de l'Armée du Salut. La conversion était réelle; la vie de l'homme avait été totalement changée. Ce jeune homme a dit, « Je ne sais pas ce qui lui est arrivé. C'est remarquable. Quelque chose l'a changé et je suis embarrassé quant à l'explication. Je me suis demandé si, peut-être, il n'y a pas quelque chose de valable dans cette histoire chrétienne après tout. » Il dit, « Vous savez, j'ai lu la Bible récemment et je constate que je ne peux rien retirer du Nouveau Testament. Mais ces derniers jours, j'ai lu le livre d'Ésaïe. Oh, j'ai toujours été un admirateur de l'éloquence et je pense qu'Ésaïe émet l'éloquence la plus remarquable, la plus merveilleuse que j'ai jamais lue. Vous savez, si je pouvais être un chrétien en croyant Ésaïe, je pense que je pourrais en être un véritable. »

Ironside se rendit compte que c'était ce passage qu'il devait utiliser, donc il prit sa Bible et dit au jeune homme: « Je voudrais te lire un chapitre du livre d'Ésaïe, juste un court chapitre. Il s'agit d'un homme anonyme, mais quand je finirai ma lecture, je voudrais que tu me donnes son nom. » Le jeune homme a dit, « Je ne pourrai jamais le faire. Je n'ai pas assez de connaissances dans la Bible. » Ironside lui répondit: « Je ne pense pas que tu auras un problème à trouver. » Il tourna au 53e chapitre d'Ésaïe et commença à lire: « *Qui a cru à notre message ? À qui a été révélée la puissance de l'Éternel? Car devant l'Éternel, il a grandi comme une jeune pousse ou comme une racine sortant d'un sol aride. Il n'avait ni prestance ni beauté pour retenir notre attention ni rien dans son aspect qui pût nous attirer. Il était méprisé, abandonné des hommes, un homme de douleur habitué à la souffrance. Oui, il était semblable à ceux devant lesquels on détourne les yeux. Il était méprisé, et nous n'avons fait aucun cas de sa valeur. Pourtant, en vérité, c'est de nos maladies qu'il s'est chargé, et ce sont nos souffrances qu'il a prises sur lui, alors que nous pensions que Dieu l'avait puni, frappé et humilié. Mais c'est pour nos péchés qu'il a été percé, c'est pour nos fautes qu'il a été brisé. Le châtiment qui nous donne la paix est retombé sur lui et c'est par ses blessures que nous sommes guéris. Nous étions tous errants, pareils à des brebis, chacun de nous allait par son propre chemin: l'Éternel a fait retomber sur lui les fautes de nous tous.* » (*Ésaïe 53: 1-6; Version Bible du Semeur 2000*)

Quand il eut terminé sa lecture, il dit au jeune homme: « Maintenant, dis-moi, de qui est-il question dans ce passage ? » Le jeune homme dit: « Laissez-moi le lire moi-même. » Il prit le livre et commença à lire rapidement le chapitre entier. Alors, il a, de façon soudaine, laissé tomber le livre dans les mains d'Ironside et il s'est empressé de partir.

Il n'a pas dit un seul mot; il a dit à Ironside plus tard qu'il avait eu peur de s'écrouler. Ironside n'a pas su que faire, donc il a simplement prié pour le jeune homme. Le soir suivant, il l'a cherché, mais il n'était pas là; même chose le deuxième soir. Le troisième soir, il est entré et cette fois il a monté la rangée avec une expression différente sur son visage. Ironside savait que quelque chose était arrivé. Le jeune homme s'est assis sur une des chaises à l'avant. Quand un temps de témoignage s'est présenté, il s'est levé et il a commencé à raconter son histoire. Il a dit: « J'étais un des jeunes hommes embauchés par le gouvernement britannique pour aller en Palestine examiner le chemin de fer de Joppa (Jaffa) à Jérusalem (environ 57 kilomètres au nord-ouest de Jérusalem). J'ai été élevé au sein d'une famille dans laquelle mon père et ma mère étaient de parfaits incroyants; ils n'avaient aucune foi dans le message Chrétien. J'ai lu toutes les critiques concernant le christianisme et j'ai été convaincu qu'il n'y avait absolument rien de valable dans la foi 'Chrétienne '. Mais tandis que j'étais en Palestine, beaucoup de choses m'interpellaient quant à la véracité de la Bible. Cela m'irritait. J'étais dans un état continuel de confusion et de rébellion. Finalement, nous sommes arrivés à Jérusalem. J'ai joint un groupe des touristes un jour, comme ils partaient visiter le Calvaire de Gordon [le site à l'extérieur de la porte de Damas. En 1883, le général Charles Gordon a estimé qu'il avait trouvé le Golgotha, la colline en forme de crâne avec le tombeau de jardin tout prêt]. Je suis monté là avec ce groupe. Nous nous sommes élevés au sommet et tandis que nous étions là, le guide a expliqué que c'était le lieu où la foi chrétienne avait commencé. Mais comme j'étais debout à cet endroit, il m'est venu à la pensée que c'était l'endroit où la tromperie chrétienne avait commencé. J'étais tellement fâché que j'ai commencé à maudire et à blasphémer. Les gens courraient effrayés vers le bas de la pente, parce qu'ils avaient peur que Dieu me frappe à mort pour de tels blasphèmes dans un lieu si sacré. » À ce point, le jeune homme pouvait à peine se maîtriser lui-même, tellement l'émotion était vive. Il dit: « Vous savez, mes amis, ces derniers soirs, j'ai appris que Celui que j'ai maudit sur le Calvaire était Celui qui fut blessé pour mes transgressions et c'est par ses blessures que je suis guéri!

***

Bien sur, en ce qui concerne la façon dont Dieu s'y prend pour nous sauver de notre condition spirituelle devant Lui, chaque témoignage est unique. Mais cette histoire fait ressortir magnifiquement que la transformation intérieure est un processus qui passe par un temps de préparation. Et celui-ci se fait autant au niveau du salut que de la croissance spirituelle.

Chaque étape de notre progression spirituelle est habituellement précédée d'une période de temps où Dieu a dû travailler dans notre vie. Et ce processus de sanctification personnelle se poursuit tout au long de celle-ci. La nouvelle naissance n'est que le début de la vie chrétienne. Par la suite, exactement comme un enfant après sa naissance physique, nous devons entreprendre notre croissance vers la maturité, et ceci est un long processus. Si nous avons l'avantage de naître dans un foyer où les parents sont engagés à faciliter notre croissance vers cette maturité, elle sera beaucoup plus facile et agréable. Mais si ce n'est pas le cas, nous risquons de grandir sans atteindre totalement celle-ci, ce qui engendre beaucoup de douleur et de frustration. C'est la même chose dans le domaine spirituel. Si nous avons le privilège de bénéficier de l'expérience de chrétiens matures, engagés à faciliter notre croissance spirituelle, nous grandirons beaucoup plus rapidement et la vie chrétienne nous apportera beaucoup de bénédiction. Là où nous devons surtout grandir, c'est dans notre relation avec Dieu. Et pour cette dernière, l'Ancien Testament est un incontournable pour apprendre à bien Le connaître!

Nous pouvons y découvrir Dieu dans Sa relation avec l'homme qu'Il a créé, et ce dernier dans sa relation avec Dieu. Et les exemples à cet égard sont nombreux. Il expose, par ceux-ci, exactement ce que nous sommes devenus en tant qu'être humain depuis la chute, à partir de la désobéissance d'Adam et Ève. Il montre très bien de quoi nous sommes capables, autant pour le mal que pour le bien, même en tant qu'enfant de Dieu. Il nous fait voir à quel point il est difficile de vivre d'une manière qui plaît à Dieu, et combien il est facile de glisser dans le mal.

L'Ancien Testament présente la détresse humaine et les sentiments qui parfois nous dévorent intérieurement, en utilisant des paroles que nous n'arrivons pas à exprimer généralement, comme dans le livre de Job. Nous y découvrons également beaucoup de personnages qui, soit nous interpellent à une plus grande sanctification personnelle ou qui nous encouragent dans les instants difficiles de la vie.

Nous y trouvons surtout la relation de certains hommes de foi avec Dieu. Comme exemple, l'histoire d'un homme selon le cœur de Dieu, David, avec lequel nous pouvons parfaitement nous identifier. Nous prenons conscience au travers les psaumes qu'il a écrits, ses luttes intérieures avec le péché. Et nous réalisons que s'il Lui était agréable, ce n'était pas parce qu'il était sans péché, mais parce qu'il n'était pas pris par l'orgueil. Lorsqu'il péchait, il montrait de l'ardeur à demander pardon à Dieu et à rétablir sa relation avec Lui. Nous commençons alors à mieux comprendre, au travers sa vie et sa relation avec Dieu, des vérités pratiques qu'il nous est plus difficile de saisir au travers notre seule lecture du Nouveau Testament.

Nous y découvrons avant tout un Dieu miséricordieux, et compatissant, lent à la colère, riche en bonté et en fidélité, qui conserve son amour jusqu'à mille générations, qui pardonne l'iniquité, la rébellion et le péché, mais qui ne tient point le coupable pour innocent.[19] C'est en observant l'attitude de Dieu et sa relation avec l'homme qu'Il a créé, que nous prenons davantage conscience de la profondeur de notre propre relation avec Dieu, dont nous bénéficions en Jésus-Christ.

Cette connaissance pratique et réelle de Dieu et de Sa volonté, par la lecture de l'Ancien Testament, vient nous aider grandement dans notre marche chrétienne. Elle permet une croissance spirituelle plus saine et plus rapide, nous évitant ainsi de longues procédures de transformations intérieures, que nous aurions pu prévenir avec une meilleure connaissance de Dieu et de Sa volonté pour notre vie.

Pourquoi un fermier travail-t-il avec autant de labeurs à labourer et à retourner son champ pour le préparer à la plantation? Pourquoi ne répand-il pas les graines sur la terre dure et sèche, espérant qu'elles croîtront? Parce que chaque fermier sait que même si la graine est l'article le plus essentiel dans le levage d'une récolte, elle ne germera jamais vers une croissance à moins qu'il n'y ait eu la préparation adéquate de la terre. Il en est de même pour la vie spirituelle. Même si la nouvelle naissance est l'élément le plus important dans le domaine spirituel, il n'y aura pas de croissance substantielle vers la maturité sans un travail en profondeur de Dieu dans notre vie.

L'Ancien Testament est un livre d'expérience conçu pour nous permettre tout d'abord de nous voir tels que nous sommes et subséquemment, pour nous préparer à écouter ce que l'Esprit de Dieu veut nous dire par le Nouveau Testament.

---

19 Ces attributs de Dieu sont tirés du livre de l'Exode, au chapitre 34, les versets 6 et 7.

C'est un long processus, mais il peut être accéléré au travers une meilleure connaissance du plan de Dieu pour et dans notre vie. Voilà le but de ce cours. Il fera toute la différence dans votre cheminement spirituel pour les années à venir.

Lorsque nous progressons dans ce processus de transformation intérieure, il nous semble voir parfois que notre vie sillonne dans toutes sortes de direction, sans trop de sens. Mais, après un certain temps, lorsque nous prenons un recul en ayant une perspective d'ensemble de tous ces sillons (comme le fit le docteur Paul Kosok en regardant d'un avion les lignes mystérieuses de Limas), nous pouvons mieux observer la configuration que Dieu trace avec notre vie. Il le fait toujours afin de pouvoir nous transformer intérieurement par l'œuvre de Jésus à la croix du Calvaire ou pour nous faire grandir spirituellement par la sanctification du Saint-Esprit!

Pour cette croissance spirituelle, Dieu utilise Sa parole, et l'Ancien Testament en fait partie, pour nous permettre de trouver et découvrir encore plus profondément Celui qui nous a tant aimés. C'est surtout là que nous découvrons le mieux Dieu dans sa relation avec l'homme! Ne négligeons pas d'en faire la lecture régulièrement!

LE BUT DU NOUVEAU TESTAMENT

Philip Yancey, a mentionné dans son livre « Seeing the Invisible God » que chaque animal sur la terre possède la capacité de s'harmoniser avec son environnement d'une manière qui lui est propre et certaines de ces correspondances excèdent les nôtres. Comme exemple, les gens détectent uniquement trente pour cent de la gamme de la lumière du soleil (la gamme de longueurs d'onde, produites simultanément, qui va de l'infrarouge aux rayons X durs). Ils ne peuvent déceler que 1/70ème du spectre d'énergie électromagnétique. Par contre, beaucoup d'animaux dépassent nos capacités. Les chauves-souris repèrent des insectes par le sonar; les pigeons naviguent avec l'aide des champs magnétiques; les chiens perçoivent un monde d'odeurs qui nous est étranger.

Il en est sans doute ainsi pour le monde spirituel ou « invisible ». Il exige un élément pour me permettre de correspondre avec celui-ci, activé seulement par une certaine sorte de réponse spirituelle. Monsieur Yancey relève donc avec justesse, en citant Jésus, que la nouvelle naissance fait partie de cet élément. « *À moins de renaître d'en haut, personne ne peut voir le royaume de Dieu,* » a dit Jésus. *(Jean 3: 3)* « *L'homme livré à lui-même ne reçoit pas ce qui vient de l'Esprit de Dieu; à ses yeux, c'est "pure folie" et il est incapable de le comprendre, car seul l'Esprit de Dieu permet d'en juger,* » a dit Paul *(1 Corinthien 2: 14).* Les deux expressions font donc ressortir un élément permettant d'entrer en relation avec le Dieu invisible, disponible seulement pour une personne spirituellement vivante. *(Philip Yancey, "Seeing the Invisible God" Books and Culture (May/June 2000), p.8)*

Comme chrétien, nous possédons cet élément nous permettant de voir le royaume de Dieu et de discerner des vérités incompréhensibles pour les gens de ce monde; ce qui n'était pas le cas avant notre conversion. Avant de rencontrer Jésus-Christ et de faire l'expérience de la nouvelle naissance, ces vérités nous échappaient. Nous n'avions à ce moment-là qu'une compréhension intellectuelle de certaines vérités concernant la personne de Dieu. La notion de Son existence était à de rares exceptions près la seule que nous comprenions, à moins de l'avoir simplement rejeté à l'intérieur de nos démarches spirituelles.

Quoi qu'il en soit, même si nous reconnaissions l'existence d'un Dieu créateur, nous ignorions qui il était vraiment. Et ceux d'entre nous qui avaient tenté de lire par curiosité la Parole de Dieu, n'y trouvant qu'un livre difficile à comprendre et sans intérêt, finissaient par la remettre dans le tiroir ou la bibliothèque. Toutefois, dès l'instant où nous avons pu saisir le sens réel de l'œuvre de Jésus-Christ à la croix du Calvaire, notre vie en fut transformée. Cette régénération intérieure puisait sa source dans notre foi en Jésus seul pour notre salut éternel. C'est celle-ci qui nous permit d'expérimenter la grâce de Dieu sur nos nombreux péchés, ainsi que la purification complète de ces derniers. Ce fut à cet instant précis que l'expérience de la nouvelle naissance fut ressentie jusqu'au plus profond de notre être intérieur. La grâce a dès lors réformé notre façon de voir la vie et l'orientation de celle-ci. La Bible est à ce moment-là devenue pour nous une source inépuisable de bénédiction spirituelle et nous a octroyé d'entrer dans une relation d'intimité avec Dieu. Cette nouvelle naissance spirituelle et la présence du Saint-Esprit en nous nous ont dès lors permis de discerner le vrai du faux, la vérité de l'erreur, le bien du mal et le bon du mauvais! Même si auparavant nous possédions une certaine notion du bien, il nous était impossible de l'accomplir à cause de notre tendance naturelle vers le mal.

Comme exemple, ce monde a découvert par le raisonnement comment pénétrer les mystères de la nature et il a pu en extraire des sources d'énergie, que les générations antérieures n'auraient jamais imaginé être possibles. Mais ce monde n'a pas diagnostiqué la manière de changer le cœur de l'homme, parce qu'il a opposé une fin de non-recevoir à la révélation divine. En conséquence, cette puissance incroyable que l'homme possède est exercée et appliquée d'une manière souvent cruelle sur ses semblables. Notre maîtrise sur certaines technologies n'a pas eu comme résultat une plus grande humanisation de ce monde. Au lieu de résoudre par celle-ci les problèmes au sein de cette humanité, l'homme les a plutôt aggravés. Pourquoi? Parce qu'il a rejeté la révélation divine et s'est appuyé sur son propre raisonnement.

La révélation divine est une vérité unique qui ne peut pas être comprise par le raisonnement humain! Cependant, lorsque Dieu ouvre nos yeux sur notre véritable condition spirituelle devant Lui, et qu'Il nous transforme intérieurement, nous découvrons le monde pour la première fois dans notre vie comme il est réellement!

Nous observons les gens autour de nous. Nous les voyons considérer les origines de la vie au travers l'évolution, plutôt que d'y voir un acte créateur du Dieu Tout-Puissant; et nous en sommes étonnés. Nous remarquons leur effort à saisir l'origine du mal en se servant d'une psychologie purement humaniste. Nous les regardons considérer l'homme comme étant foncièrement bon, croyant que son entourage est la source de sa méchanceté. Ils ne discernent pas, que celui-ci naît foncièrement mauvais et qu'il est à l'origine du mal en ce monde. Ils s'imaginent pouvoir percer les mystères de la mort et de l'au-delà au travers les diverses religions qu'ils inventent, plutôt que de chercher celui-ci au sein de la Révélation divine. Et nous pourrions multiplier les exemples de l'homme livré à son propre jugement. Par conséquent, nous nous demandons comment nous pouvions en arriver à penser et vivre de cette façon!

Lorsque l'homme s'appuie sur ses résonnements pour comprendre les profondeurs de la vie ou en découvrir les mystères, il se retrouve dans toutes sortes d'aberrations. Par contre, la Révélation que l'apôtre Paul appelle « la sagesse mystérieuse et cachée de Dieu » apporte à l'homme qui a placé toute sa confiance dans le Dieu vivant et vrai, des réponses sûres aux diverses questions de la vie.

L'apôtre Paul le mentionne ainsi dans sa première lettre aux Corinthiens, au chapitre 2: « *[1] Pour moi, frères, lorsque je suis allé chez vous, ce n'est pas avec une supériorité de langage ou de sagesse que je suis allé vous annoncer le témoignage de Dieu. [2] Car je n'ai pas eu la pensée de savoir parmi vous autre chose que Jésus-Christ, et Jésus-Christ crucifié. [3] Moi-même j'étais auprès de vous dans un état de faiblesse, de crainte, et de grand tremblement; [4] et ma parole et ma prédication ne reposaient pas sur les discours persuasifs de la sagesse, mais sur une démonstration d'Esprit et de puissance, [5] afin que votre foi soit fondée, non sur la sagesse des hommes, mais sur la puissance de Dieu. [6] Cependant, c'est une sagesse que nous prêchons parmi les parfaits, sagesse qui n'est pas de ce siècle, ni des chefs de ce siècle, qui vont être réduits à l'impuissance; [7] nous prêchons la sagesse de Dieu, mystérieuse et cachée, que Dieu, avant les siècles, avait prédestinée pour notre gloire, [8] sagesse qu'aucun des chefs de ce siècle n'a connue, car, s'ils l'avaient connue, ils n'auraient pas crucifié le Seigneur de gloire. [9] Mais, comme il est écrit, ce sont des choses que l'œil n'a point vues, que l'oreille n'a point entendues, et qui ne sont point montées au cœur de l'homme, des choses que Dieu a préparées pour ceux qui l'aiment. [10] Dieu nous les a révélées par l'Esprit. Car l'Esprit sonde tout, même les profondeurs de Dieu.* »

Paul dit qu'il existe une sagesse mystérieuse et cachée, que l'œil n'a point vue, que l'oreille n'a point entendue, et qui n'est point montée au cœur de l'homme, mais que Dieu a préparée pour ceux qui l'aiment. Il y a une explication à cette cécité. Elle ne peut être connue que par une révélation de l'Esprit de Dieu. La raison en est bien simple: la Bible ne puise pas sa source dans l'esprit de l'homme! L'homme n'est que le canal par lequel la révélation divine nous est parvenue, comme le dit l'apôtre Pierre: « *Un message prophétique n'émane jamais d'un caprice humain. Ces saints hommes de Dieu ont parlé parce que le Saint-Esprit les y poussait, et ils ont prononcé les paroles que Dieu leur inspirait.* » (2 Pierre 1: 21, Version Parole Vivante)

La Révélation divine pourrait être énoncée ainsi: Les écrivains du Nouveau Testament se sont assis et ont écrit des lettres, exactement comme nous procéderions aujourd'hui. Ils y ont exprimé leurs sentiments, leurs réactions, leurs attitudes, et leurs idées d'une manière naturelle, sans complications. Mais, en le faisant, le mystère étrange des Saintes Écritures est que le Saint-Esprit travaillait au travers ces écrivains. Il les guidait, les dirigeait, les inspirait, les motivait à choisir les mots exacts permettant de rassembler et d'exprimer les pensées que Dieu voulait communiquer aux hommes.

Ainsi, le but du Nouveau Testament est d'être surtout un canal par lequel le Saint-Esprit, illuminant notre lecture, révèle à notre cœur Celui qui répond pleinement à tous nos besoins. Nous y découvrons, du début à la fin, la réalité des paroles de l'apôtre Paul: « *Vous avez tout pleinement en Jésus-Christ!* » (Colossiens 2. 10)

En utilisant le Nouveau Testament, le Saint-Esprit nous fait découvrir Jésus dès son introduction. Jésus est au cœur des Écritures! Enlevez Jésus de la Parole de Dieu, et elle n'a plus son sens. Voilà pourquoi, dès les premiers livres du Nouveau Testament, les quatre évangiles, le Saint-Esprit conduit les auteurs, Matthieu, Marc, Luc et Jean, à écrire de façon à faire ressortir l'existence éternelle de Jésus-Christ, Son ascendance humaine, Sa naissance particulière en tant que Parole incarnée, Sa vie sans péché, Ses paroles de vie, Son ministère terrestre incomparable, Sa mort, Sa résurrection hors du commun dans un corps glorifié et Son ascension en tant que Fils de Dieu et Fils de l'homme. Lorsque nous lisons les évangiles, les Actes ou les épîtres, nous découvrons que le Saint-Esprit est à l'œuvre partout.

Les auteurs des évangiles soulignent sans ambiguïté que c'est par le Saint-Esprit que la vierge Marie conçut le Fils de Dieu. (Matthieu 1: 18) C'est le Saint-Esprit qui conduit Jésus au désert. (Matthieu 4: 1) C'est par Lui que le Fils de Dieu chassait les démons. (Matt.12: 18) C'est revêtu de la puissance du Saint-Esprit, que Jésus retourna en Galilée, et que sa renommée se répandit dans tout le pays d'alentour. (Luc 4: 14) Jésus a dit: « *L'Esprit du Seigneur est sur moi, parce qu'il m'a oint pour annoncer une bonne nouvelle aux pauvres; Il m'a envoyé pour guérir ceux qui ont le cœur brisé.* » (Luc 4: 18)

C'est également le Saint-Esprit qui a conduit l'apôtre Jean à présenter Jésus comme étant l'union de la nature divine et de la nature humaine: la Parole de Dieu faite chair (Jean 1: 14) et comme étant l'auteur de la vie, Celui qui invite chaque homme à entrer dans la vie même de Dieu. Voilà pourquoi Jésus a pu dire (Jean 14: 6): « Le chemin, c'est moi, (parce que) je suis la vérité et la vie. Personne ne parviendra jusqu'au Père sans passer par moi. » (Version

Parole Vivante)

Jésus a proféré des paroles qu'aucun homme en ce monde ne peut prononcer: « Si quelqu'un a soif, qu'il vienne à moi, et qu'il boive; venez à moi, vous tous qui êtes fatigués et chargés, et je vous donnerai du repos; je suis la lumière du monde; celui qui me suit ne marchera pas dans les ténèbres, mais il aura la lumière de la vie.

Jésus prêchait constamment un message de vie! Il est manifeste en lisant les évangiles et les paroles du Seigneur Jésus, que nous n'ayons d'autres choix que de recevoir ou de rejeter son enseignement. Aucune autre personne en ce monde n'a émis des paroles comme les siennes. Qui peut prétendre en ce monde avoir la capacité de donner la vie éternelle, être la lumière du monde, être le seul chemin qui mène à Dieu, être la vérité, être l'égal du Dieu créateur?

Nous découvrons dans les évangiles le plus grand secret manifesté par le Fils de Dieu aux hommes, le principe le plus radical jamais révélé à l'homme, que tous les écrivains du Nouveau Testament vont reprendre pour en expliquer le sens, le secret qui transforme les vies!

Jésus a dit: « *Oui, vraiment, je vous l'assure: si vous ne mangez pas la chair du Fils de l'homme et si vous ne buvez pas son sang, vous n'aurez point la vie véritable en vous. Celui qui se nourrit de ma chair et qui boit mon sang a la vie éternelle, et moi je le ressusciterai au dernier jour. Car ce qui nourrit vraiment, c'est de manger (ce qui constitue) mon corps; ce qui délivre de la soif, c'est de boire mon sang. Celui qui se pénètre de ma vie et de ma mort, et dont je deviens chair et sang, demeure en communion avec moi, et moi je vis en lui. Le Père qui m'a envoyé porte la vie en lui-même, et c'est lui qui me fait vivre, ainsi, celui qui se nourrit de moi vivra lui aussi par moi. Voilà ce qu'est le pain descendu du ciel.* » Jean 6: 53-58

Chacun était abasourdi par les propos de Jésus! Les appelait-il au cannibalisme? Non, il a précisé que ses paroles étaient de nature à communiquer l'Esprit et la vie. Il leur parlait simplement de l'œuvre qu'il allait accomplir à la croix du calvaire; qu'il allait livrer son corps et verser son sang, et que sans s'approprier son oeuvre à la croix, il était impossible d'avoir cette vie qu'il offrait. Voilà ce qu'il cherchait à leur enseigner: Celui qui mange de ma chair et qui boit mon sang, c'est celui qui s'approprie pour lui-même l'œuvre de la croix du calvaire. Jésus a dit: « *Celui qui se nourrit de ma chair et qui boit mon sang a la vie éternelle, et moi je le ressusciterai au dernier jour. Car ce qui nourrit vraiment, c'est de manger (ce qui constitue) mon corps; ce qui délivre de la soif, c'est de boire mon sang* ».

Existe-t-il un seul chrétien, véritablement né de nouveau, qui ait encore soif de connaître la vérité? Il n'a plus ce besoin spirituel, puisqu'il est abreuvé de celle-ci par le Saint-Esprit demeurant en lui! Antérieurement, nous étions avides de la vérité, nous efforçant de trouver un sens sans artifice à notre vie. Mais depuis notre rencontre avec Jésus, tous ces besoins de l'âme ont trouvé satisfaction en Lui! C'est là l'acclamation de notre cœur pour tout ce qu'il a accompli par sa mort sur la croix et par sa résurrection. Voilà ce que vont reprendre les écrivains des lettres du Nouveau Testament pour en expliquer les profondeurs.

Cette oeuvre, réalisée par Jésus pour le salut des hommes, ne s'est pas terminée par sa résurrection! Il la poursuit encore maintenant du haut de sa gloire par le Saint-Esprit oeuvrant dans le cœur des disciples et de tous ceux qu'Il attire vers Lui. C'est par le ministère du Saint-Esprit que Jésus ajoutait à l'Église ceux qui étaient sauvés. (Acte 2: 47) C'est encore ce qu'il accomplit présentement! Les hommes peuvent encore de nos jours en bénéficier!

L'œuvre du Saint-Esprit peut être comparée ainsi: Vous arrivez un soir dans un parc non éclairé, mais vous discernez au centre de celui-ci une lumière sans savoir exactement de quoi il s'agit. Mais plus vous vous approchez plus vous commencez à discerner qu'il s'agit d'une superbe sculpture, qui est éclairée magnifiquement par de puissants projecteurs. Voilà l'œuvre du Saint-Esprit. Son ministère consiste avant tout à éclairer Jésus de façon à porter nos regards vers celui-ci plutôt que vers Lui-même. Il élève à nos yeux le Seigneur Jésus-Christ d'une manière qui nous permet de le voir dans sa gloire actuelle. Il cherche à convaincre ce monde de l'œuvre que Jésus a accompli à la croix du calvaire, rendue disponible par Sa résurrection et Sa glorification.

Cette vérité est au cœur du livre des Actes, que nous pourrions appeler les Actes du Saint-Esprit, puisque les apôtres n'étaient que le canal par lequel Il œuvrait! Voici ce que Jésus a mentionné aux apôtres avant sa crucifixion: « *Quand le Conseiller sera venu, Celui que je vous enverrai d'auprès du Père, l'Esprit de vérité qui vient du Père, <u>il rendra lui-même témoignage de moi</u>. Et vous, à votre tour, <u>vous serez mes témoins</u>, car depuis le commencement vous avez été à mes côtés.* » Jean 15: 26-27

Ce sont les dernières instructions de Jésus quarante jours après sa résurrection que nous retrouvons dès le début du livre des Actes en ces termes:

Actes 1 : « ³ *Après qu'il eut souffert, Jésus leur apparut vivant, et leur en donna plusieurs preuves, se montrant à eux pendant quarante jours, et parlant des choses qui concernent le royaume de Dieu. ⁴ Comme il se trouvait avec eux, il leur recommanda de ne pas s'éloigner de Jérusalem, mais <u>d'attendre</u> ce que le Père avait promis, ce que je vous ai annoncé, leur dit-il; ⁵ car Jean a baptisé d'eau, mais vous, dans peu de jours, <u>vous serez baptisés du Saint-Esprit</u>... ⁸ Mais vous recevrez une puissance, le Saint-Esprit survenant sur vous, <u>et vous serez mes témoins</u> à Jérusalem, dans toute la Judée, dans la Samarie, et jusqu'aux extrémités de la terre.* »

Ce ministère du Saint-Esprit était au centre du plan de Dieu. Il donne aux témoins du Seigneur la puissance dont ils ont besoin pour annoncer la bonne nouvelle de la résurrection du Seigneur Jésus. Le livre des Actes est un compte rendu des débuts de l'Église de Jésus-Christ par le ministère du Saint-Esprit! Le Saint-Esprit y souligne comment elle a été formée, comment Il la remplit de Sa puissance, et comment elle a commencé à se répandre à Jérusalem, en Judée, en Samarie et jusqu'aux extrémités de la terre, répandant partout la bonne nouvelle du Seigneur Jésus-Christ.

Ce livre contient plus de cinquante références au Saint-Esprit! C'est par le Saint-Esprit que l'apôtre Pierre a prêché le premier message évangélique, en élevant, non pas le Saint-Esprit, mais la personne du Seigneur Jésus-Christ, en ces termes:

Actes 2: « ²² *Écoutez bien, Israélites, ce que j'ai à vous dire. Vous le savez tous: Jésus de Nazareth – cet homme dont Dieu vous a montré qu'il l'approuvait en accomplissant, par son moyen, au milieu de vous des miracles, des signes et des actes extraordinaires – ²³ a été livré entre vos mains conformément à la décision que Dieu avait prise et au projet qu'il avait* établi d'avance. Et vous, vous l'avez tué en le faisant crucifier par des hommes qui ne connaissent pas Dieu. ^{24} Mais Dieu a brisé les liens de la mort: <u>il l'a ressuscité</u>, car il était impossible que la mort le retienne captif... ^{33} Ensuite, il a été élevé pour siéger à la droite de Dieu. Et maintenant, comme Dieu l'a promis, il a reçu du Père l'Esprit Saint et il l'a répandu sur nous. C'est là ce que vous voyez et entendez... ^{36} Voici donc ce que tout le peuple d'Israël doit savoir avec une entière certitude: Dieu a fait Seigneur et Messie ce Jésus que vous avez crucifié... ^{38} Changez (de comportement: repentez-vous), et que chacun de vous se fasse baptiser au nom de Jésus-Christ, pour que vos péchés vous soient pardonnés. Alors, vous recevrez le don du Saint-Esprit. ^{39} Car la promesse est pour vous, pour vos enfants, et pour ceux qui vivent dans les pays lointains, tous ceux que le Seigneur notre Dieu fera venir à lui. »

Trois milles personnes ont été saisis par ce message, se sont repentie et convertie. Il est clairement spécifié dans ce passage que c'est par le ministère du Saint-Esprit que ces personnes se sont converties. Il agissait exactement comme Jésus l'avait mentionné à ses apôtres; Il convainquait les gens de ce monde, de péché, de justice et de jugement. Il élevait non seulement le Fils de Dieu, mais dès cet instant, Il fut au cœur de l'expansion de l'Église de Jésus-Christ!

- Actes 9: 31: « *Dans toute la Judée, la Galilée et la Samarie, l'Église jouissait alors de la paix. Elle grandissait dans la foi, vivait dans l'obéissance au Seigneur, et s'accroissait en nombre, <u>grâce au soutien du Saint-Esprit</u>.* »

- Actes 13:1-2: « *Il y avait alors, dans l'Église d'Antioche, des prophètes et des enseignants: Barnabas, Siméon surnommé le Noir, Lucius,* *originaire de Cyrène, Manaën, qui avait été élevé avec Hérode le gouverneur, et Saul. Un jour qu'ils adoraient ensemble le Seigneur et qu'ils jeûnaient, <u>le Saint-Esprit leur dit</u>: — Mettez à part pour moi Barnabas et Saul pour l'œuvre à laquelle je les ai appelés. »*

Il y a plus de quatre-vingt-dix références au Saint-Esprit dans le Nouveau-Testament, et la plupart le montrent constamment à l'œuvre pour l'accomplissement du plan de salut de Dieu pour cette humanité. Comme exemple, c'est en raison des situations vécues par les nouvelles églises locales, qui commençaient à s'implanter un peu partout, que le Saint-Esprit a conduit les apôtres à leurs écrire. Ces situations sont décrites dans les lettres du Nouveau-Testament. Elles s'insèrent, pour la plupart, dans les trente premières années de l'Église, et que nous retrouvons dans le livre des Actes.

L'Église de Jésus-Christ voit le jour à la Pentecôte en l'année 30 de notre ère et s'échelonne jusqu'à l'année 60, où nous retrouvons l'apôtre Paul prisonnier de César à Rome au chapitre 28 du livre des Actes. Pendant ces trente années, l'apôtre Paul fait quatre grands voyages missionnaires. Elles nous permettent d'avoir une idée un peu plus précise de la situation des Églises fondées par les apôtres. Elles ont chacune pour sujet principal la Personne et l'œuvre de Jésus-Christ! Toutes ces lettres, écrites par l'apôtre Paul, par Jacques et Jude, les frères du Seigneur ou par l'apôtre Pierre et Jean, exposent des sujets propres à chaque Église ou individu, traitant soit:

- Des privilèges et des responsabilités de l'Église face à Jésus (renfermant une partie doctrinale et une partie pratique),
- De la position unique que l'Église occupe dans les desseins de Dieu en Jésus-Christ (enseignée magnifiquement dans les trois premiers chapitres de l'épître aux Éphésiens),

- Des révélations spéciales sur la vocation céleste, l'espérance et la destinée de l'Église (relevées d'une manière spéciale dans les lettres aux Thessaloniciens),
- De l'organisation et de l'administration des églises locales (sujet principal des épîtres à Timothée et à Tite),
- Des fausses doctrines qui émergeaient de l'intérieure ou de l'extérieure de l'Église, et qui attaquaient la personne et l'œuvre du Seigneur Jésus (comme dans la lettre de Paul aux Galates et celles de l'apôtre Jean);
- Du retour de Jésus-Christ et de l'enlèvement de l'Église auprès de Lui, entre autres...

Comme exemples supplémentaires, l'apôtre Paul écrit sa lettre aux chrétiens de Rome aux environs de l'année 56. Son désir est de leur communiquer les grandes doctrines de la grâce, dont il avait eu révélation, avant de leur rendre visite. Il écrit aux chrétiens de Corinthe vers la même année, car il était grandement troublé par des nouvelles parvenues de Corinthe qui faisaient état de profondes divisions, de contestations grandissantes et d'autres problèmes. Il écrit une lettre à l'Église de Galates, comme mentionné ci-haut, vers les années 50, car les Églises étaient menacées autant dans la pureté de leurs conduites que dans celle de la doctrine. (*Cours résumés des notes de C.I. Scofield dans ses préfaces aux lettres ci-haut mentionnées.*)

La plupart des situations renfermées dans les lettres du Nouveau Testament, et les enseignements apportés par Paul ou les autres Écrivains à l'intérieur de celles-ci, nous sont extrêmement utile aujourd'hui pour faire face aux diverses situations auxquelles l'Église est confrontée.

Encore ici, c'est le Saint-Esprit qui conduisait les auteurs de ces lettres à exprimer leurs sentiments, leurs réactions, leurs attitudes, et leurs idées d'une manière naturelle, sans complications. Mais, en le faisant, le Saint-Esprit travaillait au travers ces écrivains. Il les guidait, les dirigeait, les inspirait, les motivait à choisir les mots exacts permettant de rassembler et d'exprimer les pensées que Dieu voulait communiquer aux Églises.

Le but des épîtres est simplement de placer devant nos yeux, dans un langage le plus clair et le plus pratique possible, les vérités extraordinaires qui se trouvent dans ce grand principe: Jésus-Christ vit sa vie en nous, de sorte que nous avons tout pleinement en Lui! L'apôtre Paul l'exprime si bien dans sa lettre aux Galates: « *J'ai été crucifié avec Christ; et si je vis, ce n'est plus moi qui vis, c'est Christ qui vit en moi; si je vis maintenant dans la chair, je vis dans la foi au Fils de Dieu, qui m'a aimé et qui s'est livré lui-même pour moi.* » (Galates 2: 20)

Finalement, nous en venons au dernier livre du Nouveau Testament, l'Apocalypse de Jean. C'est le seul livre du Nouveau Testament qui traite exclusivement de prophéties. Le Saint-Esprit y dévoile le temps où le Seigneur Jésus-Christ deviendra une réalité aux yeux de tout l'univers.

Un jour, nous dit la Parole de Dieu, tous genoux fléchiront devant le Fils de Dieu. Aujourd'hui, les gens en font ce qu'ils veulent, un jour les hommes rendront compte de toutes paroles vaines qu'ils auront proférées, ainsi que de toutes leurs actions et attitudes mauvaises. Ainsi, l'apocalypse nous donne les enseignements, pour ne pas dire les renseignements, nous permettant de situer, approximativement, ces évènements dans l'histoire.

John H. Alexander a écrit que l'Apocalypse est probablement le livre le plus controversé de toute la Bible. D'une part, il excite la curiosité de nombreux lecteurs avides de surnaturel; d'autre part, il les décourage par son langage symbolique qui les dépasse et dont ils ne saisissent pas le sens... Au VIe siècle av. J-C., l'Éternel déclarait au prophète Daniel: « Toi, Daniel, tiens secrètes ces paroles, et scelle le livre jusqu'au temps de la fin. Plusieurs alors le liront, et la connaissance augmentera. » Mais à l'apôtre Jean, le Seigneur ordonne: « Ne scelle point les paroles de la prophétie de ce livre », et il ajoute: « Le temps est proche. » Nous vivons effectivement ces temps de la fin dont parle l'Écriture, ce que l'Esprit de Dieu confirme à la fois dans la prophétie et par les évènements actuels. Or l'Apocalypse dépeint cet avenir très proche dans lequel le monde entre malgré lui. Le caractère d'actualité de l'Apocalypse est indéniable. Les bouleversements d'aujourd'hui préparent ceux de demain, et un grand nombre de symboles de l'Apocalypse perdent leur mystère au fil des évènements actuels qui la mettent plus que jamais à l'ordre du jour. La révélation transcendante de l'avenir s'inscrit dans le dessein de Dieu pour nos temps de grand désarroi, et ceci, afin de nous faire vivre de l'espérance qu'elle sécrète. Car si ce livre annonce des lendemains qui pleurent, il prédit aussi des surlendemains qui chantent, lorsque Jésus-Christ viendra régner pendant mille ans sur la terre avec ses rachetés, avant de vivre avec eux l'éternité de bonheur qui leur est réservée. (*Tiré de son livre « L'Apocalypse, verset par verset », page 25-26*)

Le message du Nouveau Testament est fondamentalement d'une très grande simplicité. Paul le souligne ainsi dans sa lettre aux Colossiens: *« Si Jésus-Christ habite en vous par le Saint-Esprit, l'espérance de la gloire vous appartient. »* (Colossiens 1: 27) C'est en Lui qu'est révélée la sagesse mystérieuse et cachée, que l'œil n'a point vue, que l'oreille n'a point entendue, et qui n'est point montée au cœur de l'homme, mais que Dieu a préparée pour ceux qui l'aiment. Si nous voulons connaître cette sagesse, recherchons au travers notre lecture à connaître, non pas des histoires, mais notre grand Dieu et son Fils bien-aimé, le Seigneur et Sauveur Jésus-Christ.

Oui, je veux morebooks!

I want morebooks!

Buy your books fast and straightforward online - at one of the world's fastest growing online book stores! Environmentally sound due to Print-on-Demand technologies.

Buy your books online at
www.get-morebooks.com

Achetez vos livres en ligne, vite et bien, sur l'une des librairies en ligne les plus performantes au monde!
En protégeant nos ressources et notre environnement grâce à l'impression à la demande.

La librairie en ligne pour acheter plus vite
www.morebooks.fr

OmniScriptum Marketing DEU GmbH
Heinrich-Böcking-Str. 6-8
D - 66121 Saarbrücken
Telefax: +49 681 93 81 567-9

info@omniscriptum.com
www.omniscriptum.com

www.ingramcontent.com/pod-product-compliance
Lightning Source LLC
Chambersburg PA
CBHW020811160426
43192CB00006B/521